帰京後の親鸞―明日にともしびを―9

八十二歳の親鸞

―善鸞異義事件―

今井雅晴

「帰京後の親鸞――明日にともしびを――」シリーズ

刊行の趣旨

親鸞は鎌倉時代に阿弥陀仏の教えを説き、信心《しんじん》と報謝《ほうしゃ》の念仏を人々に伝えました。その九十年という長い一生のうち、四十二歳から六十歳までの十八年間は、新興の武士の都ともいうべき関東での布教伝道に心血を注ぎ、多くの門弟を得ました。これは武士が親鸞の「悪人正機《あくにんしょうき》」に心を洗われた思いがし、また「信心」「報謝」に強い感動を与えられたからでしょう。

武士は、武士の家に生まれたが故に心ならずも行なってしまう人殺しの悪業《あくごう》に苦しんでいました。『平家物語《へいけものがたり》』に出る、十六歳の少年平 敦盛《たいらのあつもり》を討った熊谷直実《くまがいなおざね》のように。それを「悪人正機」が救ったのです。

さらに武士は、同輩や主君との対人関係で「信頼」と「報謝」を大切にしていました。「信心」と「信頼」はその向ける対象は異なりますが、心は共通しています。主君に対する裏切りが尊ばれた戦国時代末期から安土桃山時代（拙稿「本願寺顕如・教如と織田信長『約束破り』の『皆殺し』」『東国真宗』第一〇号、二〇二〇年）とは大いに異なります。

親鸞は時代と社会に対応した教えを説いたのです。法然《ほうねん》から学んだ念仏の教えを機械的に説いたのではなく、相手の置かれた状況を見ながら工夫して説きました。その結果、多くの門弟を得ました。そして五十二歳の時、恐らくは常陸国稲田《ひたちのくにいなだ》で主著の『教行信証《きょうぎょうしんしょう》（顕浄土真実教行証文類《けんじょうどしんじつきょうぎょうしょうもんるい》）』を執筆しました。

『教行信証』執筆の八年後、親鸞は関東を離れて帰京し、九十歳までの三十年を生きました。当初、行動がはっきりしない時期もありましたが、やがて再び門弟との交流を盛んに行なうようになりました。

また七十歳代の半ばに『教行信証』をほぼ完成させると、今度は『浄土和讃《じょうどわさん》』『高僧和讃《こうそうわさん》』『唯信鈔文意《ゆいしんしょうもんい》』等、わかりやすい教学の本を著わすようになりました。この執筆活動は八十歳代に入ってから特に盛んになりました。これは親鸞が同じ時代を生きている人のみならず、将来の、明日の人々に対しても生きるともしびを示しておきたいという、強い意欲に基づくものではないでしょうか。本シリーズの副題「明日にともしびを」はこのことによってつけています。

この間、妻の恵信尼《えしんに》や息子の善鸞《ぜんらん》・娘の覚信尼《かくしんに》・孫の如信《にょしん》をはじめとする家族とはいろいろなできごとがありました。それらはすべて親鸞の救いの思想を深めていきました。帰京後の三十年間は、親鸞の人生の総仕上げでした。

一方、帰京後の親鸞が生きた鎌倉時代の中期は、朝廷に代わって幕府が日本支配の実権を握りつつある時代でした。商業は発展し、各地の流通も盛んになりました。これに応じて、宗教界にもさまざまな動きがありました。また大陸では蒙古《もうこ》が南宋《なんそう》や朝鮮半島の高麗《こうらい》を長年にわたって圧迫し、侵略し、その影響はしだいに日本にも及んできていました。

「帰京後の親鸞――明日にともしびを――」シリーズでは、このような政治・社会・宗教そして国際状況の中で、親鸞は九十歳で亡くなるまでどのように生きたのか、可能な限り年齢を区切って追っていきます。全十五冊という計画です。

すでに刊行した本シリーズ第一冊『六十三歳の親鸞――沈黙から活動の再開へ――』では、親鸞は六十歳で一人で帰京し、環境の変化の中でしばらく活動をためらい、六十三歳の時に法兄聖覚《ほうけいせいかく》の往生をきっかけに布教活動を再開したと推定しました。

第二冊『六十七歳の親鸞――後鳥羽上皇批判――』では、親鸞を越後《えちご》に流した後鳥《ごと》羽上皇《ばじょうこう》がこの年に亡くなったので、それを軸に述べました。上皇の処断は念仏弾圧によるものではないこと、またこの事件に関する親鸞の気持ちも推測しました。

第三冊『七十歳の親鸞――悪人正機説の広まり――』では、親鸞の主な門弟は「二《に》十四輩《じゅうよはい》」や『親鸞聖人門侶交名牒《しんらんしょうにんもんりょきょうみょうちょう》』などにより武士であったと判断されること、彼らが切実に求めたのは悪人正機の救いであったろうことを述べました。

第四冊『七十四歳の親鸞――覚信尼とその周囲の人びと――』では、親鸞の末娘で本願寺の基本を作った覚信尼の生活と、その家族や身近な親族について、また彼女が家の女房として仕えた太政大臣久我通光《だいじょうだいじんこがみちてる》の活躍を述べました。

第五冊『七十五歳の親鸞――『教行信証』の書写を尊蓮に許す――』では、親鸞が初めて他人に『教行信証』の書写を許したことと、その相手は従弟《いとこ》で従三位《じゅさんみ》の日野信綱《ひののぶつな》

（尊蓮《そんれん》）であったこと、またその社会的意義について述べました。

第六冊『七十六歳の親鸞――『浄土和讃』と『高僧和讃』――』では、親鸞の最初の和讃（漢字交じりの仮名の和文、仏菩薩《ぶつぼさつ》・経典・先師等を誉め讃える歌）である『浄土和讃』『高僧和讃』について述べました。親鸞の布教態度が変わってきたのです。

第七冊『七十九歳の親鸞――山伏弁円・平塚の入道の没――』では、はじめ親鸞に強い殺意を抱き、のち帰服《きふく》して熱心な念仏者になり、この年に亡くなった山伏弁円《やまぶしべんねん》について述べました。あわせて同年に亡くなった平塚《ひらつか》の入道《にゅうどう》についても述べました。

第八冊『八十歳の親鸞――造悪無碍――』では、かなり前から社会に広がっていた造悪無碍《ぞうあくむげ》が深刻な問題として親鸞の前にも現われたこと、それに対して親鸞がいかに立ち向かったかを述べました。

シリーズ第九冊の本書『八十二歳の親鸞――善鸞異義事件――』は、親鸞の息子善鸞が父とは異なる教え（異義《いぎ》）を説いて父に義絶《ぎぜつ》されたという事件について述べます。義絶されてはいなかったという説もあります。本書では、義絶があったとすれば親鸞八十二歳の時のこととみて、その史料である五点の親鸞書状（すべて親鸞の真筆《しんぴつ》ではなく、それを写したと称されている写本《しゃほん》です）の内容についての検討を主に行ないました。またその背景となる社会、主に京都と鎌倉についても見ていきます。

◆目　次◆

帰京後の親鸞――明日にともしびを――⑨

八十二歳の親鸞――善鸞異義事件――

はじめに――善鸞異義事件とは何か

本書では、親鸞が息子の善鸞《ぜんらん》を義絶《ぎぜつ》した、あるいは善鸞は父とは異なる念仏（異《い》義《ぎ》）を説いた、とされる事件を取り上げます（善鸞義絶事件、または善鸞異義事件）。

善鸞は、親鸞が三十歳くらいの時の誕生と推定されます。親鸞が三十五歳で越後《えちご》に流された時には京都に残りました。というより、息子が父と一緒に流罪地《るざいち》へ行く義務はありませんし、また許されることでもありませんでした。

親鸞が六十歳で京都に戻ってきた時、善鸞は三十歳くらいでした。その後善鸞は親鸞から念仏の教えを親しく受けた気配です。

やがて関東で親鸞の門弟たちの間に大きな問題が起きます。それは念仏に関する理解がさまざまになったことです。それは本シリーズ❽の前著『八十歳の親鸞――造悪無碍――』で述べました。そのような状況で混乱が発生しないはずがありません。困った門弟の何人かは、親鸞に手紙を送り、関東へ来て再び正しい教えを説き、混乱を鎮《しず》めてほしいと願い出ました。それは親鸞八十歳過ぎ、あるいは八十一、二歳のころでしょう。

しかし、離れて二十年も経った関東で、八十歳を過ぎた自分が各地で門弟その他の人々と会い、調整するのは無理と判断し、善鸞を自分の代理として送ることにしました。彼なら親鸞の念仏をよく知っているし、大丈夫だろうと判断したのです。

ところが関東に下った善鸞は父とは異なる教えを説き、門弟たちの騒動を鎮めるどころかいっそう大きくした気配です。しかも、「あなた方の念仏は間違っている、私が今説いている念仏こそ、父から夜中にこっそり伝えられた正しい念仏だ」などと言っていると門弟たちは親鸞に訴えたそうです。

当初その訴えの内容を信じなかった親鸞は、やがて事実と知り、悲しみ、この世のことならともかく、念仏について誤った内容を、しかも父親鸞が述べたこととして説くのは許されない、「もう親でもなければ子でもない」として義絶（勘当《かんどう》）したといいます。

善鸞坐像。神奈川県厚木市飯山・弘徳寺蔵

以上が世に説かれている善鸞義絶事件（善鸞異義事件）です。「息子に裏切られた気の毒な親鸞聖人」「親不孝者《おやふこうもの》善鸞」として、以後数百年、善鸞は非難され続けています。

ただし、いわゆる真宗十派のうち、すべての派の第一世親鸞に引き続く第二世に、真宗《しんしゅう》出雲路派《いずもじは》と真宗山元派《しんしゅうやまもとは》では善鸞を充てています。「善鸞は義絶された」ということでしたら、「第二世善鸞」はあり得ないでしょう。

1　善鸞異義事件研究の視点

(1) 善鸞異義事件研究の史料

それでは事実はどうだったでしょうか。善鸞が異義を唱えたというのは事実だったのでしょうか。また義絶はほんとうにあったのでしょうか。この二つのことは、何かもやもやとしたはっきりしない感じがあります。

というのはこの事件に関する史料は五点しかなく、それはすべて親鸞の書状で、第三者の記録なり書状なり日記なりは一切ないからなのです。しかも五点の書状は親鸞の真筆《しんぴつ》ではなく、全部「親鸞の書状を写した」とされる写本《しゃほん》です。

写本は他人が写すのですから、写し間違いの危険性もあります。また、写本と称して、勝手に偽《にせ》の書状を作ってしまうこともあります（これは昔から非常に多いのです）。

本書では、五点の写本「親鸞書状」の義絶・異義に関わる部分を細かく検討します。

(2) 親鸞は架空の人物か

善鸞義絶に関わることだけでなく、親鸞その人でさえ、江戸時代から明治時代を経て大正十年（一九二一）に至るまでの長い間、架空《かくう》の人物ではなかったかという不安もあったのです。それは親鸞と同時代、平安時代最末期から鎌倉時代中期に至るまで、親鸞以外の者の記録や文書などの史料に「親鸞」という名が出てくることはなかったからです。

大正十年、鷲尾《わしお》教導《きょうどう》氏が西本願寺の宝庫で親鸞の妻の恵信尼《えしんに》の書状十通（真筆と判断されました）を発見されました。そこには親鸞のさまざまな活動も記されていることで親鸞の実在が確認されたのです。古文書《こもんじょ》・古記録《こきろく》の信ぴょう性の検討は非常に重要です。

親鸞とともに、いわゆる鎌倉新仏教で有名であった人たちについても、同じ不安がある場合があります。

(3) 日蓮は架空の人物か

① 鎌倉新仏教の僧侶たち

鎌倉新仏教で有名な人々といえば、親鸞の他に法然《ほうねん》（浄土宗）・栄西《ようさい》《えいさい》（臨済宗《りんざいしゅう》）・道《どう》元《げん》（曹洞宗《そうとうしゅう》）・日蓮《にちれん》（日蓮宗）・一遍《いっぺん》（時宗《じしゅう》）等がいます。このうち、法然は同時代に関白《かんぱく》だった九条兼実《くじょうかねざね》の日記『玉葉《ぎょくよう》』に何度も出てきますから、実在の人物であったと確認できます。栄西も道元も『吾妻鏡《あづまかがみ》』に複数回記されていますから同じことです。

ところが日蓮については、日蓮自身の書状・書籍以外、第三者が日蓮について書いたものはないのです。鎌倉の街で辻説法《つじせっぽう》を行なった話も、鎌倉郊外で殺されそうになった時、江ノ島の方から光物《ひかりもの》が飛んできて首切り役人が振り上げた刀に当たり、刀がバラバラになって吹き飛んだという話も、すべて日蓮の手紙に書いてあるだけです。

② 日蓮の書状から取り出す歴史的事実

日蓮の手紙は八百通ほども残っています。しかもその半数は日蓮自筆ではなくて、弟子や後世の人たちの写本です。『昭和定本日蓮聖人遺文《しょうわていほんにちれんしょうにんいぶん》』全四巻（編纂・立正大《りっしょうだい》学日蓮教学研究所《がくにちれんきょうがくけんきゅうじょ》、昭和二十七年初版）には、真筆、直弟《じきてい》の写本、それ以外の古写本《こしゃほん》という三種類がすぐわかるように編集されています。直弟の写本は基本的に真筆と同等の価値があるとされていますけれども、それで大丈夫か、という不安は残ります。

したがって日蓮の伝記・思想の研究にあたっては、日蓮の書状や書物に書いてあることを周囲の確実な歴史的状況の中にはめ込んでいくこと、また逆に確実な歴史的状況の中から日蓮の活動を照らしていくという作業が必要となります（中尾堯『日蓮』吉川弘文館歴史文化ライブラリー、二〇〇一年）。

次に一遍を取り上げます。一遍については、その実像を知るためには日蓮以上に難しい問題があります。それは日蓮同様に同時代の史料に一遍の名が出てこないことはもちろん、一遍自筆の書状や書籍等も一切ないことです。

(4) 一遍は架空の人物か

① 一遍と『一遍聖絵』

一遍は踊り念仏や遊行《ゆぎょう》で知られています。一遍について知ろうと思えば、まず、一遍没後十年目に制作された『一遍聖絵《いっぺんひじりえ》』（国宝）です。これは一遍の伝記で、一遍の甥《おい》で門弟でもあった聖戒《しょうかい》という人物の制作です。次に、同じく伝記の『遊行上人縁起絵《ゆぎょうしょうにんえんぎえ》』がありますが、室町時代の写本です。また一遍の法語を集めたとする『一遍上人語録《いっぺんしょうにんごろく》』は江戸時代の写本ですし、そのもとになったという『播州法語集《ばんしゅうほうごしゅう》』も室町時代の写本でしか残っていません。

②『一遍聖絵』から取り出す歴史的事実

しかし後世に一遍なる人物が与えた影響は大きかったので、事実としての一遍の伝記・思想を明らかにする必要があります。方法としては、まず、物語として記述されている『一遍聖絵』から歴史的事実を取り出していくのです。

例えば同書第七巻によれば、弘安七年（一二八四）閏《うるう》四月十六日、一遍は数十人の門弟（「時衆《じしゅう》」といいます）を連れて京都《きょうと》四条《しじょう》京極《きょうごく》の釈迦堂《しゃかどう》（この釈迦堂は、現在の京都市中京区新京極通四条上ル中ノ町にある染殿院《そめどのいん》がその名残《なごり》であると考えられています）に入り、人々の大歓迎を受けた、とあります。それを、『一遍聖絵』では、

貴賤《きせん》上下群《むれ》をなして、人はかへり見る事あたはず、車はめぐらすことを得ざりき。

「貴族や庶民が大勢釈迦堂につめかけ、人々は後ろを振り向くこともできず、貴族の乗った牛車《ぎっしゃ》は向きを変えて帰ろうとすることもできませんでした」と記しています。この記事に相当する絵にも、確かに大歓迎を受けている一遍の様子が描かれています。この場面が歴史的事実としてあったのかどうか、検討する必要があります。

『一遍聖絵』を制作した聖戒は一遍とともに全国を巡っていましたから、かなり事実に即した内容が書かれているだろうと期待したいところです。

その『一遍聖絵』によれば、この時一遍は釈迦堂に一週間滞在したとあります。ところがこの間、京都には豪雨《ごうう》と洪水《こうずい》の災害が降りかかっていたのです。勘解由小路兼仲《かでのこうじかねなか》（従二位権中納言《じゅにいごんのちゅうなごん》）の日記『勘仲記《かんちゅうき》』によると、一遍が京都に入った閏四月十六日は雨で、翌日は「洪水。洛中に溢《あふ》る」という状態でした。したがって、京都釈迦堂で一遍を迎えての大盛況は多少割り引いて考えねばならないか？　というところです（拙著『時宗成立史の研究』吉川弘文館、一九八一年。同『捨聖一遍』吉川弘文館歴史文化ライブラリー、二〇一七年）。

釈迦堂での様子に引き続き、『一遍聖絵』には一遍と複数の貴族との念仏をめぐるやり取りが記されています。当然、その貴族たちの伝記についても可能な限りの調査が必要です。

(5) 写本「親鸞書状」五点の検討視点

前述のように日蓮と一遍の例をあげたのは、善鸞異義事件研究の史料である写本親鸞書状五点についても、同じ視点の検討が必要であろうということからです。

では、その前提として、まず善鸞の誕生から見ていきます。

2　親鸞八十二歳までの善鸞

(1)　善鸞の誕生とその母

①『尊卑分脈』に出る善鸞

『尊卑分脈《そんぴぶんみゃく》』という系図集があります。これは日本の古代・中世の諸貴族や諸武士の系図を集めたもので、これらの時代ではもっとも信頼が置ける系図集とされています。

『尊卑分脈』の中に、「範宴《はんねん》」として親鸞が記され、その子に「慈信《じしん》」とあります。善鸞のことです。「範宴」とは比叡山で出家時代の親鸞の名です。「慈信」の項には、次のような注があります。

宮内卿《くないきょう》の公《きみ》。母兵部卿《ははひょうぶきょう》三善為教《みよしのためのり》の女《むすめ》。

「善鸞は宮内卿の公と呼ばれました。その母は兵部卿三善為教の娘です」。「宮内卿の公」とは、修行時代の善鸞の通称です（寺院名は未詳）。日本の慣例として僧侶も俗人も本名は呼び合いませんので、通称（呼び名）が必要になります。父や母であっても、息子や娘を本名で呼ぶことはありません。本名で呼ぶと、その人の生《せい》気《き》が吸い取られ、早死《はやじ》にしてしまうと考えられていたのです。

寺院の世界では、通称を「〜の公」とし、これを「公名《きみな》」と呼びました。ただしその通称をもらえるのは、下働きの者ではなく、修行に専念できる高い身分出身の者だけです。

公名は、従来、だいたいが身近な親族の役職を使ったとみられていました。しかしどうも三分の一以上は親族とは関係ない役職名を使ったようです。ただ知り合いの人や、保護してくれた人の役職を使ったことは多かったのではないでしょうか。

ちなみに宮内卿は宮内省の長官で、正四位下相当の官職です。中級の上クラスの貴族が就任する役職です。父の親鸞は九歳で出家しましたから官位官職は得ていませんでした。祖父の有範《ありのり》は正五位下・皇太后宮権大進《こうたいごうぐうごんのだいしん》でした。この職は従六位上相当でした。その孫の善鸞としては、正四位下の官職名を公名として使わせてもらったのは、大いに誇りを持って公表できる公名だったということでしょう。

つまり、善鸞には身近の親しい人・尊敬できる人で宮内卿であった人がおり、その役職名をもらったのではないかということです。

さらに、『尊卑分脈』の一本には善鸞の母は三善為教の娘であるとあります。この女性は恵信尼のことですから、善鸞の母は恵信尼だというのです。

②『大谷一流系図』に出る善鸞

また『尊卑分脈』とは別の、日野家に関する系図である『日野一流系図《ひのいちりゅうけいず》』の中の、通称『大谷一流系図』と呼ばれている親鸞とその子に関わる系図には、次のようになっています。それぞれの注の部分はわかりやすく書き改めました。

範宴（親鸞）
- 範意《はんい》。母は摂政《せっしょう》（のち関白）九条兼実の娘。
- 小黒女房《おぐろのにょうぼう》。母恵信尼。
- 善鸞。宮内卿。遁世《とんせい》して慈信房。母同上。
- 栗沢信蓮房《くりさわのしんれんぼう》。
- 有房《ありふさ》。出家して法名《ほうみょう》は道性《どうしょう》。益方大夫入道《ますかたのだいぶにゅうどう》。
- 高野禅尼《たかののぜんに》。
- 覚信尼《かくしんに》。

善鸞には次の注がつけられています。

宮内卿、遁世して慈信房と号す。（中略）母同上（筆者注：善鸞の姉に小黒女房がいたとし、そこに母の名が「兵部大輔三善為教の女〔法名恵信尼〕」とあります）。

「善鸞は宮内卿と呼ばれ、のちに寺を出て慈信房と号しました。（中略）母は前項にある三善為教の娘恵信尼です」。

『尊卑分脈』の中で親鸞やその子孫の本願寺の人々のことは、『大谷一流系図』をもとにして書かれたと考えられています。そこで両方の表記はよく似ているのです。

③善鸞の母――恵信尼でない

前掲の親鸞の子女七人のうちで、小黒女房・栗沢信蓮房・有房（益方）・高野禅尼・覚信尼の五人は、親鸞と恵信尼との間の子どもとして間違いないでしょう。高野禅尼を除き、残りの人はすべて恵信尼書状十通の中に出てきます。高野禅尼は出てきませんが、恵信尼が越後国で住んでいた所の近くに「高野」という地名がありますから、恵信尼と関係があった（つまり母子）ことは確実でしょう。

しかしあとの二人、範意と善鸞とには恵信尼との関係はまったく見られません。さらに『大谷一流系図』に、範意の母は摂政九条兼実の娘という書き込みがありますが、それが事実であることはあり得ません。そのことは拙著『親鸞の妻 玉日は実在したのか――父とされる関白九条兼実研究を軸に――』（「歴史を知り、親鸞を知る」シリーズ⑩、自照社出版、二〇一七年）で明らかにしました。その息子という範意は当然ながら架空の人物です。

④　善鸞の母――貴族か

善鸞はおそらく親鸞が恵信尼と結婚する前に付き合っていた女性との間に生まれた息子でしょう。その誕生は親鸞が三十歳ころではないでしょうか。

当時の男女の付き合い、あるいはそれが進んでの結婚生活はいずれも男性の通い婚です（やがて同居することは多いですが）。生まれた子どもは母親の家で育てられます。そして善鸞は寺院へ入りました。そこでは公名をつけるような身分でしたから、善鸞は明らかに修行できる権利を持ち、漢字を読む教育も受けることのできる身分の家、すなわち貴族であったと言えるでしょう。当時の貴族はほぼ同じ身分の家の人と交際し、結婚しますから、善鸞の母の家も親鸞の日野氏（中級の貴族）と同じ程度の京都に住む貴族だったのではないでしょうか。

(2) 親鸞越後へ流刑後の善鸞

親鸞は、承元《じょうげん》元年（建永《けんえい》二、一二〇七）二月、後鳥羽上皇《ごとばじょうこう》によって越後に流されました。三十五歳でした。親鸞はすでに恵信尼と知り合い、結婚し、越後にはその恵信尼もついていきました。奈良時代初期に始まる朝廷の制度のもとでは、夫が流罪ならば妻（正妻）も一緒に行くことになっていました。戸籍も夫婦ともに京都から流刑地《るけいち》に変更されました。夫婦は一生流刑地に住むということになります。子どもは一緒には行きません。

鎌倉時代ころになると、流されるのは夫だけで、数年したら京都に戻す慣例に変わっていました（規則にはありませんが）。まして善鸞は親鸞の正妻の子どもではありません。一緒に行くのは、規則違反となります。善鸞はそのまま母の家で育てられた気配です。

当時、貴族の男性の教育は六歳（数え年）から始まりますので、善鸞の教育は親鸞が越後へ向かう前後からだったということになります。祖父の日野有範は五人の男子を残して出家しました。貴族は出家すると息子や孫の出世には影響力を持てない慣例でした。父の親鸞は九歳で出家です。祖父・父のこのような状況から、必然的に善鸞には出家の道が敷かれていたのです。出世できない貴族がその誇りを失わないで生きるのは出家の道しかありませんでした。さもなければ他人の家来・使用人になって生きるのです。

こうして善鸞は母の家族に育てられ、教育を受け、寺院に送られるという道筋をたどったと推定されます。

では善鸞はどこの寺院に入ったのでしょうか。寺院名は不明ですが、その寺院の宗派を推測することはできます。それは真言宗《しんごんしゅう》です。このことは、親鸞の曾孫覚如《かくにょ》の次男従覚《じゅうかく》が著わした『慕帰絵《ぼきえ》』と、同じく覚如の高弟乗専《じょうせん》が著わした『最須敬重《さいしゅきょうじゅう》絵詞《えし》』からの推測です。いずれも覚如の伝記です。まず、『慕帰絵』です。

覚如は二十代前半のころ、父の覚恵《かくえ》とともに東国の親鸞遺跡を巡りました。そのおり、相模国余綾山中《さがみのくによろきやまなか》という所で風瘧《ふうぎゃく》にかかってしまいました。風瘧とは毎日または一日置きに、同じ時間帯に発熱する病気です。そして寝込んだ覚如の旅宿に、善鸞が

息子の如信《にょしん》と一緒にお見舞いに現われました。そして善鸞は、

（風瘧の）退治のためにわが封《ふ》などぞ、さだめて験《げん》あらんと自称し、あたへんとせらる。

「風瘧を治すためには、私が病気治療の呪文を書いた紙がきっと効果があるよ、と言って覚如に与えようとされました」。

また『最須敬重絵詞』にも、同じく覚如が寝込んでいる場面で次のようにあります。文中、「符《ふ》」というのは加持《かじ》を加えた札です。呪文が書いてあり、それを使って祈ることにより、病気等が治るとするものです。

われ符をもちてよろづの災難を治《ち》す。或は邪気《じゃき》、或は病悩、乃至呪詛《ないしずそ》、怨家《おんけ》等をしりぞくるにいたるまで、効験《こうけん》いまだ地におちず。今の病相は温病《うんびょう》とみえたり。これを服せられれば即時に平癒《へいゆ》すべしとて、すなはち符を書て与らる。

善鸞墓所。神奈川県厚木市飯山・弘徳寺

「『私は符ですべての身に降りかかる難儀を解決する。例えば、人を病気にする魔物、病気の苦しみ、相手に災いが及ぶように呪うこと、自分にかける怨みなどを追い払うことなどまで、すべてに成果があり、効果がなかったことはない。あなたの病気は、毎日のように高熱が出る温病だろう。これを飲めばすぐ治るぞ』と、即座に符を書いて与えられました」。

このような内容の符は、密教の真言宗で得意とするところです。もちろん天台宗でも台密《たいみつ》と呼ぶ密教が大きな力を持っていますけれども、善鸞の熱病に対して符ですぐ治るという発想は真言宗の立場とみてよいでしょう。善鸞が若いころに真言宗の寺院で修行しており、その修行結果が身についていたのであろうと推定する理由です。

善鸞が関東で熱病に苦しんでいた覚如のお見舞いに来たのは、善鸞が九十歳近いころです。親鸞の指示で関東へ向かってから四十年近く経っています。後述するように、善鸞は帰京してきた親鸞に再会し、専修念仏《せんじゅねんぶつ》を学んだに違いないのですけれども、関東で独自に活動する中で、やはり頼りになったのは密教の呪術《じゅじゅつ》だったということでしょう。

(3) 親鸞帰京後の善鸞

① 親鸞は六十歳で帰京

貞永《じょうえい》元年（一二三二）、親鸞は六十歳で関東から京都に帰りました。従来、親鸞は六十二、三歳のころに京都に帰ったとされてきました。ただ親鸞自身が「何歳で京都に帰った」と書き残した史料はなく、江戸時代に入るまで「何歳で帰った」と語る史料はありません。

現在、茨城県に存在する浄土真宗寺院で親鸞帰京の年を伝えているのは九ヶ寺です。一ヶ寺を除き、八ヶ寺はすべて「親鸞は六十歳で帰京した」と伝えています（ただし、年齢を伝えているのではなく、年号です）。残りの一ヶ寺は親鸞六十三歳の帰京を伝えています。この寺は親鸞の稲田草庵《いなだのそうあん》の後と称している西念寺《さいねんじ》ですが、その草庵は鎌倉時代末期から常陸国《ひたちのくに》西部→甲斐国《かいのくに》→信濃国《しなののくに》と移り、江戸時代には越後国に存在しています。現在の新潟県上越市《じょうえつし》の真宗浄興寺派《しんしゅうじょうこうじは》本山浄興寺です。江戸時代、稲田草庵のあとに建てられた寺院西念寺は親鸞六十三歳帰京説を唱えています。ところが、越後に移った寺院は中世の史料も所蔵する寺院であり、その寺院では親鸞六十歳帰京を伝えているのです。

江戸時代に多く出版された二十四輩《にじゅうよはい》寺院巡りの本では、すべて親鸞の帰京を六十歳の時としています。すなわち、現段階では親鸞の帰京は六十歳と判断すべきです。

② 親鸞は一人で帰京

また親鸞は家族を伴って帰京したと言われてきましたが、有範家は何十年も前に破滅しています。親鸞が六十歳で京都に戻ってきても、財産が残っていた気配はありません。

それに親鸞の子どもの長子である小黒女房は二十五歳くらい、次子の信蓮房は二十二歳、すでに配偶者《はいぐうしゃ》や子どもたちがいてもおかしくない年齢です。第三子以下、さらに三人の子どもがいました。親鸞は妻とその子どもたち（配偶者や孫も）も合わせた多人数で仕事や住む家もない京都へ行けるでしょうか。それに子どもたちにとって京都は故郷ではありません。

③ 恵信尼は越後から親鸞を支える

恵信尼は親鸞が京都へ行く直前に出家し、やがて越後の領地へ行きました。そこからの収入で親鸞の生活を支えるためです。妻が出家すれば夫と同居しないというのが当時の慣行です。離婚または別居です。親鸞が関東にいる間に恵信尼と離婚あるいは別居の気配はありませんから、恵信尼の出家は親鸞が京都へ帰る直前でしょう。恵信尼は五十一歳です。

④ 善鸞、親鸞から念仏を教わる

関東と京都に分かれていても、親鸞と善鸞とは書状での連絡は取り合っていたと推定されます。そして京都で再会した二人は、親しい関係を持ち続けたということでしょう。父の「親鸞」という名は法名（本名）で、善信房（略して善信）というのが房《ぼう》号《ごう》（通称）。そして息子の法名が善鸞で房号が慈信房であれば、親しかったと想定して誤りないでしょう。親鸞は善鸞が真言宗の僧侶であるとはいえ、それとは無関係に信心の念仏の教えを善鸞に伝え、善鸞も積極的にそれを学んだものと推定されます。宗派にこだわるのは江戸時代以降で、そして現代ということです。

3 善鸞の息子如信

(1) 如信の誕生と聖覚の没

① 如信の誕生

この間、善鸞には息子の如信が誕生しています。それは嘉禎《かてい》元年（一二三五）のことでした。親鸞は六十三歳です。帰京して三年目です。このころ善鸞は寺院で修行中であったのか、まったく不明です。

② 聖覚の没

また如信が誕生した年には、親鸞が信頼していた法兄聖覚法印《ほうけいせいかくほういん》が亡くなりました。聖覚は親鸞と同じく法然の教えを受け、念仏を称《とな》えるためには信心が必要と説いた人物です。法然の教えを受けているからといって、聖覚は天台宗教団を離れたのではありません。現職の法印です。法印とは、正確には法印大和尚位《ほういんだいかしょうい》といい、僧侶としての位（上から下へ法印・法眼《ほうげん》・法橋《ほっきょう》という三段階があります）の最高位です。

聖覚は、弟が天台座主《てんだいざす》（天台宗のトップで、延暦寺《えんりゃくじ》の住職）慈円《じえん》である関白九条兼実に見出され、父の澄憲法印《ちょうけんほういん》同様、何度も兼実の屋敷に招かれています。それは聖覚が父と同じく、唱導《しょうどう》（説法）の名手だったからでもあります。聖覚は親鸞が関東にいる間の嘉禄《かろく》三年（安貞《あんてい》元、一二二七）、鎌倉幕府から北条政子《ほうじょうまさこ》の三回忌法要の導師《どうし》として招かれました。法要の時のその唱導に、出席している人たちは感動して皆泣いたといいます（『吾妻鏡』）。

残されている史料で見る限り、帰京後の親鸞が最初に筆をとって書写したのが聖覚の『唯信鈔《ゆいしんしょう》』でした。それまで親鸞は京都の街を転々とし、門弟たちに住所がわからないようにしていました。この『唯信鈔』書写の年こそ、聖覚が亡くなった年です。つまり信心の念仏を絶やさないようにするためには自分ががんばらなければ、と決心したのでしょう（拙著『六十三歳の親鸞――沈黙から活動の再開へ――』自照社出版、二〇一八年）。如信が誕生したのは、まさにその年でした。聖覚が亡くなってもなく孫の顔を見て、あるいは決心する中で孫の顔を見て、親鸞は意欲をさらに固めたのではないでしょうか。

(2) 如信、親鸞から学ぶ

① 如信、親鸞から学ぶ

その後、親鸞と如信との交流は次のようであったと『最須敬重絵詞』に記されています。

（如信は）幼年の昔より長大の後にいたるまで、禅床《ぜんしょう》のあたりをはなれず、学窓《がくそう》の中《うち》にてちかづき給《たまい》ければ、自《みずか》らの望《のぞみ》にて開示にあづかりたまふ事も時をえらばず、他のために説化《せっけ》し給ときも、その座にもれ給ことなかりければ、聞法《もんぼう》の功《こう》もおほくつもり、能持《のうじ》の徳も人にこえ給けり。

「如信は幼いころから大人になってからも、親鸞聖人の部屋の付近におり、またその部屋の中で聖人の側におられまして、いろいろな時に質問をさせてもらいました。さらには聖人が他の人に教えておられる時も、同座しておられないことはありませんでした。ですから聖人の教えをたくさん聞き、それを心の中に保ち続けておられました」。

如信の父母が如信に貴族としての出世を期待するなら、如信は六歳から念仏や仏教（仏法）ではなく儒学などの学問を学ばなければなりません。朝廷運営に関わる学問、いわゆる王法《おうほう》です。如信の両親や家族は、如信が貴族として生きることは諦めたということです。

② 如信の学問

のちに善鸞が親鸞の指示で関東へ送られたころ、如信は二十歳少し前になっていました。そのころの如信の様子について、『最須敬重絵詞』には次のように書かれています。

（如信は）あながちに修学《しゅがく》をたしなまざれば、ひろく経典をうかがはずといへども、出要《しゅつよう》をもとむるこころざしあさからざるゆへに、一すぢに聖人の教示を信仰する外《ほか》に他事なし。

「如信は寺院などで意欲的に勉強することはありませんでしたので、経典を体系的に学びはしませんでした。しかし迷いの世界を出たいという意欲はとても強かったので、ひたすら親鸞聖人の教え示されることを信じ大切にすることに集中していました」。

如信は寺院で修行することは行なっていなかったのです。

③善鸞の如信以外の息子

善鸞の息子は『大谷一流系図』など本願寺関係の系図には如信だけが記されています。しかし常陸国奥郡《おうぐん》（現在の茨城県の北部）にはもう一人、息子がいたという現地の伝えがあります。事実ならば善鸞が関東へ下向してから儲けた息子でしょうから、如信にとっては二十歳近く以上離れた弟ということになります。

4 建長五年・六年の関東（親鸞八十一歳・八十二歳）

(1) 善鸞異義事件の社会

善鸞異義事件が起きた社会はどのような社会だったのでしょうか。仏教や神道《しんとう》、僧侶や神官がまったく平穏だったのに、善鸞だけが問題を起こしたのでしょうか。親鸞は京都にいて、善鸞は鎌倉を中心とする関東にいました。それは間違いありません。

そして従来、善鸞異義事件は建長《けんちょう》七年（一二五五）、親鸞八十三歳の時に起きた事件とされることが多いです。しかし親鸞自身のこの事件に関わる強い反応は建長六年から始まっていると筆者は推定しています。それは親鸞八十二歳の時のことです。
それでまず、善鸞異義事件が起きた背景となる社会を、その前年から見ていきます。その方法として建長五年の朝廷と幕府が示した、社会に対する政策を検討します。

⑵ 建長五年の朝廷と鎌倉幕府

① 朝 廷

建長五年（一二五三）七月十二日、朝廷では次のような僧侶や神主に関わる五ヶ条の宣旨《せんじ》を出しました。宣旨とは天皇の命令です。天皇の、日本全体のあり方に対する命令は詔《しょう》《みことのり》あるいは勅《ちょく》《みことのり》といいますが、私的な、内輪のことに関する命令は宣旨です。この時の天皇は十一歳の後深草天皇《ごふかくさてんのう》で、実際の政治は父の後嵯峨上皇《ごさがじょうこう》が院政《いんせい》で行なっていましたから、後嵯峨上皇の命令ということになります。そのころの社会の僧侶や神主の行動を見かねての命令です。

以下に、原文ではなくて現代語訳を記します。

第一条　神社が毎月の祭りや神主たちの生活費用と称して、神社領の荘園その他関係者から不法に多くの財物を強制的に集めることを禁止する。
第二条　集めた財物を神主たちが私宅に置いておき、期限が過ぎてから神社に渡すことを禁止する。
第三条　寺院の役職に任命された者で資財を私する者がいる。そのために堂塔が荒れてしまっている。以後、役職は四年を任期とし、それ以上その仕事に関わってはいけない。
第四条　神社では新しく職員を加えてはいけない。それらの者は辞めさせよ。
第五条　近年、神社に協力する貴族や皇族が多いことを競い合う風潮が見られ、それを経済的・人的に支えなければならない人たちが困っている。新加入の貴族・皇族はやめさせよ。

第三条を除き、すべて神社の神主の不法な行ないを明確にして、それを禁止しています。

第三条の寺院の僧侶に対する禁止令も含め、全部、経済的に違法に肥え太ろうとする神主や僧侶に対する禁止令です。乱れた、目に余る行動が多かったのです。

②鎌倉幕府

三ヶ月後の同年十月一日、今度は鎌倉幕府が社会の治安に関する全十三ヶ条にわたる命令を出しました。幕府の執権は北条時頼《ほうじょうときより》です。後嵯峨上皇と北条時頼は友好関係を結んでいて、上皇は時頼の指導のもとに院政を進めていました。

その十三ヶ条の中には、山賊《さんぞく》・海賊《かいぞく》・夜討《やとう》（夜、屋敷を襲う）・強盗・殺人・放火・牛馬を盗むことは重罪（第一〜第五条）、御家人《ごけにん》が不法に農民を圧迫するのは禁止（第六〜八条、第十二条）、博打《ばくち》は禁止（第十条）、不倫《ふりん》も禁止（第十二条）などがあります。幕府があらためて注意したり禁止令を出したりするほど、当時の治安は悪かったということです。

また僧侶については、文暦《ぶんりゃく》二年（一二三五）七月二十四日すなわち親鸞六十三歳の年、幕府の執権北条泰時《ほうじょうやすとき》は、次の指令を京都の六波羅探題《ろくはらたんだい》北条重時《ほうじょうしげとき》に送っています。その文中、「関東」とは鎌倉幕府のことです。地方名ではありません。もし現代の関東地方に相当する地域を表わしたい場合には「坂東《ばんどう》」といいました。

専修念仏者の人たちは黒い衣を着ることが多かったのです。そして念仏を称えていれば、どんな悪いことをしても阿弥陀仏は救ってくださるというので、黒い衣で念仏を称えるふりをして悪事を働く人たちが目立っていました。

念仏者と称して黒衣《こくえ》を着するの輩《ともがら》、近年都鄙《とひ》に充満《じゅうまん》し、諸所を横行《おうこう》して、動《やや》ば《もすれ》不当の濫行《らんぎょう》を現わす。尤《もっと》も停廃《ちょうはい》せらるべく候《そうろう》。関東においては仰《おお》せ付けらるるに随《したが》い、沙汰《さた》致すべく候。

「専修念仏の僧侶だといって黒衣を身につけている連中が、最近、都会や田舎に大勢増え、各地を勝手に歩き回り、何かと悪い行ないをしています。ともかくも朝廷に禁止してほしいです。鎌倉幕府では、天皇様（当時は四条天皇《しじょうてんのう》）のご命令に従って禁止致します」。

承久《じょうきゅう》の乱（一二二一年）後、すでに鎌倉幕府は日本の支配圏を得ているとはいうものの、古代から天皇の影響力の強い神道や神官、仏教や僧侶のことに関しては天皇の権威を借りる傾向が強かったのです。

(3) 建長六年の鎌倉幕府

建長六年（一二五四）四月二十七日になると、幕府は御家人ではない武士や、その他幕府直属でないさまざまの人たちが役人の指示に従わないとして怒っています。また二十九日には西国の幕府傘下《さんか》の地頭《じとう》たちが「新儀《しんぎ》の非法（新しい内容の悪事）」をするとして禁止しています。つまり、従来より荘園の年貢をたくさん取り立てたり、荘園内の人々の行動を束縛しているので、これらはその荘園の従来からの慣例に戻しなさい、と命じているのです。

五月になると、幕府は借金等で「人質《ひとじち》」を取るのを強く禁止します。「人質」は借金を返せば解放されてはいたのですが、実際はなかなかそうはいかず、惨《みじ》めな状況がそこここで発生していました。

贅沢の風潮が農村にも入り、つい借金をして分不相応な生活をし家族を「人質」として借金の貸主に差し出していたのです。それを禁止する幕府の命令です。

六月十五日、北条時頼が主催して泰時十三回忌が行なわれました。場所は青船《おおふな》（粟船。現在では「大船」と表記します）の泰時の墓所（現在の常楽寺《じょうらくじ》）で行ないました。ところがこの日と翌日、武士たちが大勢、鎌倉の街の中で大騒ぎをしました。それで時頼自身も鎮圧に当たっています。何かあれば一触即発、というのがこの時代の鎌倉の街中でした。

また九月十六日には、前年七月十二日に朝廷から出された宣旨をそのまま幕府の命令として発布しています。

以上のように見てくると、親鸞八十二歳の建長六年（と、その前年）の鎌倉を軸とする関東さらには京都・全国の治安の状態もわかろうというものです。八十歳を越え、京都に帰って二十年以上も経つ親鸞が、問題を鎮めるために駆け回るのは確かに無理でしょう。各地域の人間関係もずいぶん変化しているでしょうし。

次に本書の中心のテーマである善鸞異義事件を、関係の伝親鸞書状の写本五通の検討によって探っていきます。まず『親鸞聖人御消息集』（略本《りゃくほん》）掲載の三点を掲載順に、次に大正十年（一九二一）に発見された古写本、最後に『親鸞聖人血脈文集《しんらんしょうにんけちみゃくもんじゅう》』に掲載の一点の順に検討します（大正十年発見の古写本以外の四点は、岩波日本古典文学大系『親鸞集　日蓮集』に拠っています）。それら五通の中で、いろいろな、今後検討すべき問題点があります。それらについて、❶〜⓯の通し番号で「問題点」として述べます。

5　善鸞異義事件に関する史料検討

(1) 伝親鸞書状写本「年未詳九月二日付慈信坊（善鸞）宛て返信」

この写本は『親鸞聖人御消息集』（略本）（京都・永福寺蔵本。室町時代中期筆）に掲載されているものです。この中で親鸞・善鸞の父子関係に関わる文を抜き書きして問題点を示します。

本写本は、善鸞の「信願坊《しんがんぼう》という人物が誤った念仏を称え、行動をしている」という報告に対し、親鸞が対応策を書き送ったとする内容です。最初に次の文がありま す。

ふみをかきてまひらせさふらふ。このふみを、ひとびとにもよみてきかせたまふべし。（中略）信願坊がまふすやう、かへすがへす不便《ふびん》のことなり。（中略）信願坊がまふしやうとはこころへずさふらふ。

「手紙を書いて送ります。この手紙を皆さんにも読んで聞かせてください。（中略）信願さんが言うことは、ほんとうにおかしなことばかりです。（中略）信願さんの発言とは思えません」。

親鸞は信願の言動を非難し、信用しないようにと善鸞に伝えています。皆さんにもこの手紙を読み聞かせてほしいとも述べています。

問題点❶　親鸞は関東の問題を自分で確認していない

しかし問題は、信願の悪い点を親鸞が自分で確認したのではないことです。「これは信願の発言とは思えない」と思いつつも、善鸞の主張によって信願を断罪しているのです。親鸞が実際に信願に会って「これはまずい」と判断したのではありません。あくまでも善鸞からの又聞きで判断したと、この史料は語っています。

(2) 伝親鸞書状写本「年未詳十一月九日付慈信坊（善鸞）宛て返信」

本写本も善鸞からの手紙に対する返事として書かれています。最初の部分に、

九月廿七日の御文《おんふみ》、くわしくみさふらひぬ。さては御こころざしの銭《ぜに》伍《ご》貫文《かんもん》、十一月にたまはりてさふらふ。

「九月二十七日付のあなた（善鸞）のお手紙、細かく読みました。その上、お心のこもったお金、銭五貫文（現代の約二十二万五千円）を十一月にいただきました」とあります。

問題点❷　善鸞は孝行息子か

善鸞は大金を集めて父に送っています。最初から親不孝者だったのではなく、孝行息子だったということでしょうか。また門弟が師匠にお金を送るということは、よくあったことです。

次に以下の文もあります。

ヰなかのひとびと、みな年来念仏せしはいたづらごとにてありけりとて、かたがたひとびとやうやうにまふすなることこそ、かへすがへす不便のことにこそきこへさふらへ。やうやうのふみどもをかきもてるを、いかにみなしてさふらふやらん、かへすがへすおぼつかなくさふらふ。

「私の故郷のような関東の人たちが、みんな、あなた（善鸞）から『今までずっと称えてきた念仏は役に立たなかったんだよ』と強く言われて、困っていろいろに私に伝えてきます。これは、何度考えても気の毒なことです。念仏の教えを、以前に私がさまざまに手紙に書いて送ったのに、彼らはそれをどう思っているのか。ほんとうに気がかりです」。

問題点❸　親鸞の困惑

親鸞はとても困惑しています。善鸞の説得で門弟たちが考えを変え、『親鸞がおかしな信仰を説いていた』となっていることに親鸞は割り切れない思いを抱いているのです。

しかしほんとうは親鸞が善鸞と門徒たちに直接会って、両者の言い分をそれぞれ聞くべきでした。実際には、親鸞がそれを実行するのは難しかったにしても。この写本の続きの部分を読むと、問題点がいっそうはっきりと見えてきます。

慈信坊のくだりて、わがきき《(聞)》たる法文《ほうもん》こそまことにてはあれ、ひごろの念仏は、みないたづらごとなりとさぶらへばとて、おほぶの中太郎《ちゅうたろう》のかたの人は九十なん人とかや、みな慈信坊のかたへとて中太郎入道をすてたるとかや、ききさふらふ。いかなるやうにてさやうにはさふらふぞ。詮ずるところ信心のさだまらざりけりとききさふらふ。いかやうなることにて、さほどにおほくのひとびとのただろぎさふらふらん。不便のやうとききさふらふ。

「善鸞が関東に下って、『私が親鸞聖人から教えられた念仏こそ正しい。皆さんが称えてきた念仏は、全部、役に立ちません』と言うので、大部中太郎《おおぶのちゅうたろう》の門弟の九十何人が、みんな善鸞についてしまい、中太郎入道を捨てたと私は伝えられました。その人たちはどうしてそんな行動に出てしまったのでしょうか。結局のところ、彼らの信心が定まっていないからだと、私は伝えられました。どのような次第で、そんなに多くの人たちの信心が衰えてダメになってしまったのでしょうか。気の毒な様子だとも伝えられました」。

ただ、「九十何人が中太郎入道を捨てた」と誰が親鸞に伝えたのでしょうか。中太郎が親鸞に訴えたのか、それとも他の者が親鸞に「彼らは信心が定まっていない、ダメだ」と憤慨気味に伝えたのでしょうか。またほんとうにあったことなのか、この写本ではわかりません。

問題点❹　大部郷の信仰に出会った善鸞

大部中太郎は、『親鸞伝絵《しんらんでんね》』に出てくる親鸞と親しい人物で、出家して真仏《しんぶつ》と称した大部平太郎《おおぶのへいたろう》と同一人、常陸国那珂西郡大部郷《ひたちのくになかさいぐんおおぶのごう》（現在の茨城県水戸市飯富町《いいとみちょう》）の領主と推定されます。ここは水戸市の北部であり、大河の那珂川《なかがわ》が北西から南東へ流れています。その那珂川の南西側の広い氾濫原《はんらんげん》に対応して長く続く丘が大部郷です。この一角に真仏が開基となった真仏寺《しんぶつじ》と、そこから少し離れた北方に大部平太郎屋敷跡と称する遺跡があります。

また真仏寺のすぐ下の田（もと那珂川の氾濫原）の中に、親鸞が訪ねてきて農民と一緒に歌を歌いながら田植えをしたという話を伝える「お田植えの歌の碑」が建っています。

親鸞が来てから約三十年後、本書状によれば善鸞も大部郷へ下ったというのです。信仰は地域の人々の生活の中で保たれ、育ちます。大部郷の一帯は明星信仰《みょうじょうしんこう》や虚空蔵菩薩信仰《こくうぞうぼさつしんこう》の強い地域です。また北方には常陸国二宮《ひたちのくにのみや》で大神社の静神社《しずじんじゃ》も鎮座《ちんざ》していました。大部郷の人々が農村の共同体の中で信心の念仏だけで生きていくのは難しいでしょう。

領主で直弟子《じきでし》である中太郎は、何とか変わらない信仰を持ち続けることができたかもしれません。しかし孫弟子たちはなかなか難しかったでしょう。親鸞の念仏は直接病気を治す手段にも、安産のための手段にも、畑の虫を追い払う手段にもならないのですから。つまり「南無阿弥陀仏」と称えることは変わらないにしても、そこに込める意味合いが変わっていく可能性は大きかったと推定されます。その結果、善鸞が大部郷に来て、親鸞の孫弟子にあたる門徒たちと話をして大きな違和感を感じたのではないでしょうか。「これは私が京都で父から教わった念仏とは異なる」。

たった今京都から到着したばかりの親鸞の子息善鸞からそのように言われれば、納得した人も多かったことでしょう。親鸞その人は信頼され続けていたのですから。

現代において、どの宗派の寺院でもほとんど卒塔婆《そとうば》を立てています。浄土真宗の寺院では卒塔婆を立てませんでしたが、しかししだいに立てるようになりました。筆者はかなり前、実際に複数それを見て、住職さんたちにその理由を尋ねてみると、「他の宗派には卒塔婆があるのに浄土真宗にはない。卒塔婆が欲しいよ。卒塔婆を立ててください」と門徒さんたちに何度も言われたから、ということでした。

また筆者は、二メートルはあろうかという大きな名号石《みょうごういし》にしめ縄が張られ、白いヒラヒラした紙（紙垂《しで》）が夕日に輝いている光景を見た時にはビックリ仰天しました。これは間違いなく神社等に見られる神道の行ないです。浄土真宗どころか仏教界全体でも行ないません。

でもこのしめ縄も紙垂も、確かに浄土真宗寺院の住職さんが作成したのです。しめ縄・紙垂の慣行が今でも続けられていることは、風雨にさらされていない、きれいな紙垂でわかりました。

中太郎やその門徒たちの念仏が変化していなかったとは言い切れません。けれど善鸞の念仏は昨日まで京都で聞いていた親鸞の念仏でした。中太郎の門徒たちが善鸞から「わがききたる法文こそまことにてはあれ、ひごろの念仏は、みないたづらごとなり」と聞き、「ああ、確かにそのとおりだ」と「信心のさだまらざりけり」ではなく、「信心のさだま」っていたからこそ、善鸞の説く念仏の方が正しいと判断できたのです。そして中太郎は、恐らくは面子《メンツ》もあり、善鸞にすなおに従えなかったのでしょう。

その結果、「おほぶの中太郎のかたの人は九十なん人とかや、みな慈信坊のかたへとて中太郎入道をすてた」のです。恐らくはこのことを中太郎あるいはその関係者が「善鸞はおかしな信仰を説いて九十何人も門徒たちを奪ってしまいました。善鸞はけしからん人物です」と書状で親鸞に訴えたのではないでしょうか。

中太郎と長い付き合いであった親鸞は、中太郎を信じてその門弟たちの「信心」が定まっていないと叱りつけています。そして次のように善鸞も咎《とが》めています。

また親鸞も偏頗《へんぱ》あるものとききさふらへば、ちからをつくして唯信鈔・後世物《ごせもの》語《がたり》・自力他力《じりきたりき》の文《ふみ》のこころども、二河《にが》の譬喩《ひゆ》なんどかきて、かたがたへひとびとにくだしてさふらふも、みなそらごとになりてさふらふときこへさふらふは、いかやうにすすめられたるやらん。不可思議《ふかしぎ》のこととききさふらふこそ、不便にさふらへ。よくよくきかせたまふべし。

「また私の考えも偏っているという人もいるので、一生懸命に聖覚『唯信鈔』・隆寛《りゅうかん》『後世物語』・隆寛『自力他力事《じりきたりきのこと》』の示している信仰内容や、善導《ぜんどう》の二河白道《にがびゃくどう》の譬喩の意味するところなどを書いて、皆さんに客観的に正しく念仏を理解してもらえるようにして送ったのも、全部嘘《うそ》を書いたことになってしまったというのは、善鸞よ、いったいどのように皆さんに説いたのだ。理解できないと私に伝えてきた人がいるのは、哀れなことだ。その状況を詳しく伝えてほしい」。

問題点❺　大部郷の宗教的変化――親鸞の理解の外

親鸞は、善鸞の念仏の説き方も誤っていたのではないかと言っています。親鸞は自分は正しい、そして真仏も正しい、しかしそれが否定される状況になったのは善鸞の話し方が悪かったのではないか、ですから、どのように真仏の門弟たちに話をしたのか、それを詳しく伝えてきなさい、と強く言っているのです。

ここでは帰京後二十年、大部郷でどのような宗教的変化があったかについて、親鸞の理解の外であったという問題があります。親鸞が関東で信心の念仏を説いていたのは四十二歳から六十歳までの十八年間です。それから帰京して八十二歳までは二十二年間もあります。親鸞が関東にいた時以上の年月です。

この当時には檀家制度《だんかせいど》などありません。一つの宗派に縛られることはないのです。僧侶も、各地を回って修行し、教えを伝えることが当たり前のことでした。ですから越後から来た親鸞も、信心の念仏を関東の人たちに伝え、多くの門弟を得ることができたのです。

親鸞が京都に去り、別の優れた僧侶がやってくれば、その僧侶のもとに集まって異なる教えを聞く、ということが普通だったのです。信心の念仏に執着する必要はなかったのです。ここに親鸞に信頼されていた直弟としての中太郎の苦しさがあったのです。

大部郷付近の伝統的な信仰と外からやってくる優れた僧侶。中太郎とその門徒の人たちにはいろいろな葛藤《かっとう》があったことでしょう。意識的にか無意識にか、「これが親鸞の念仏だ」と思っていた内容が変わらざるを得ない部分があったのです。でも親鸞にはその深刻さが伝わっていなかったでしょう。たまに京都の親鸞の前に顔を見せる門弟は、そのような難しい事情は話さず、あたりさわりのない話だけしていった可能性があります。歳取った師匠を困らせないためでありましょう。あるいは、「何をやっているんだ、早くなんとか解決しなさい」と叱責《しっせき》されないために。

ところが初めて関東に下った善鸞は、親鸞の直弟や孫弟子たちの状態に驚き、正面切って批判してしまったものでしょう。善鸞は正直すぎたのです。当然、反発も起き、親鸞への訴訟合戦《そしょうがっせん》となってしまったと推定されます。

ここで大きな問題は、親鸞の判断基準が自分で直接見聞きしたことではなく、すべて門弟たち及び善鸞からの手紙による伝聞資料であることです。本稿で取り上げた伝親鸞書状写本「年末詳十一月九日付慈信坊宛て返信」でも、合計七ヶ所、「とききふらふ」などと親鸞が直接見たのではないことを示す言葉が使われています。

問題点❻ 親鸞の真仏・性信・入信非難

本書状の「奥《おく》（奥書《おくがき》）」で、親鸞は真仏・性信《しょうしん》・入信《にゅうしん》その他の人々についてももっと知りたいので教えてくれと善鸞に依頼しています。善鸞はこれらの人々についても非難する書状を親鸞に送っていたのです。それは、

真仏坊・性信坊・入信坊、このひとびとのことうけたまはりてさふらふ。かへすがへすなげきおぼへさふらふとも、ちからをよばずさふらふ。また余のひとびとのおなじこころならずさふらふらんも、ちからをよばずさふらふ。ひとびとのおなじこころならずさふらへば、とかくまふすにをよばず。いまは人のうへもまふすにあらずさふらふ。よくよくこころへたまふべし。

「真仏殿・性信殿・入信殿、この人たちのことをお知らせいただきました。彼らの念

仏も変わってしまった様子なので、ほんとうに悲しく思っていますけれども、私にはどうしようもありません。また他の人たちも私の念仏と違ってきたらしいことも、どうしようもありません。皆さんの、念仏に対する気持ちがばらばらになっていますので、現在では皆さんに何も言わない方がいいでしょう。このことを十分に心得てください」という内容です。

親鸞は大部中太郎だけではなく、のちに二十四輩第二とされた高田の真仏坊、同第一の性信坊、同第十八とされた入信坊についてもその批判を善鸞から知らされていたのです。親鸞は彼らに不信感を抱くようになっています。ただ本書状では中太郎真仏と高田の真仏とを混同している可能性もあります。

親鸞が直接これらの人々に会いに行って事実関係を確かめるのは無理です。そしてとうとう、長年の門弟たちの念仏の変化に対しては咎めないことにする、今は何も注意しない方がよい、関東での念仏の問題を鎮めに行く役割の者として、善鸞はよくこのことを念頭《ねんとう》に置くようにと指示しています。

ここに、関東の門弟たちの多くが親鸞とは異なった念仏を説くようになっていたのは事実か、という問題が生じます。それならこののち親鸞はその状況にどのように対応しようとしたか、あるいは、しなかったか、という問題も生じます。それを考える前に、親鸞が善鸞の言動を厳しく非難している書状の内容を検討していきます。

(3) 伝親鸞書状写本「年未詳十一月九日付真浄御坊宛て書状」

まず、次の内容が記されています。

さては念仏のあひだのことによりて、ところせきやうにうけたまはりさふらふ。かへすがへすこころくるしくさふらふ。

「その上、念仏に関わることによって、やっかいなことになっているとお聞きしました。ほんとうにやりきれない思いです」。

親鸞は真浄《しんじょう》が念仏のことで混乱しているのは、息子善鸞のためだと感じて、心苦しく思っているのです。また次の文もあります。

慈信坊がやうやうにまうしさふらふなるによりて、ひとびとも御こころどものやうにならせたまひさふらふよし、うけたまはりさふらふ。かへすがへす不便のことにさふらふ。

「善鸞がいろいろ間違ったことを言ったのが原因で、皆さんの念仏に対する気持ちがさまざまになってしまわれたと伝えられました。ほんとうに困ったことです」。さらに次の文もあります。

慈信坊がまふしさふらふことをのみおぼしめして、これよりは余のひとを強縁《ごうえん》として念仏ひろめよとまふすこと、ゆめゆめまふしたることさふらはず。きはまれるひがごとにてさふらふ。（中略）やうやうに慈信坊がまふすことを、これよりまふしさふらふと御こころへさふらふこと、ゆめゆめあるべからずさふらふ。

「あなた方は善鸞が言うことだけを頭に置いていますよね、それは『私親鸞ではなく他の人（つまり善鸞）をよい縁として、その言うことを聞いて念仏を広めなさい』と私が言ったということからでしょうが、そのように言ったことはまったくありません。それはほんとうに極端な誤りです。（中略）いろいろと善鸞が言っていることを、私から善鸞に言っているんだとお思いになることは、まったくあってはいけません」。

問題点❼ 親鸞の発想の展開への疑問

ここでは、「善鸞が『父親鸞がこう言っている』というのは、まったく事実に反します。そのように思わないでください。それは善鸞が勝手に言っていることです」と強調しています。しかし親鸞はやはり善鸞の発言を直接聞いているのではありません。仮に伝え聞く善鸞の発言がそのとおりであっても、善鸞がどのような意図でそのように言っているのか、それも善鸞本人に質問しているのではありません。なぜ親鸞の発想がそのように進んでくるのでしょうか。このことは、仮にこの写本親鸞書状がほんとうは他人の創作であったとしても、事実として行なった親鸞の動きを知った上で作った可能性があります。それに関わる話がこの写本・親鸞書状の次に示されています。その前に、もう一度、親鸞は常陸の人々・善鸞・自分との関係について述べています。

奥郡のひとびとの、慈信坊にすかされて、信心みなうかれあふておはしましさふらふなること、かへすがへすあはれにかなしふおぼへさふらふ。これもひとびとをすかしまふしたるやうにきこへさふらふこと、かへすがへすあさましくおぼへさふらふ。それも日ごろひとびとの信のさだまらずさふらひけることのあらはれてきこへさふらふ。かへすがへす不便にさふらひけり。（中略）詮ずるところは、ひとびとの信心のまことならずことのあらはれてさふらふ。よきことにてさふらふ。それをひとびとは、これよりまふしたるやうにおぼしめしあふてさふらふこそ、あさましくさふらへ。

「奥郡（常陸国北部。ほぼ那珂川より北の地方。陸奥国《むつのくに》にも「奥郡」があります）の人たちが善鸞にだまされ、信心がみんな正気でなくなったことは、ほんとうに哀れで悲しいことです。私親鸞も皆さんを騙《だま》したように私の所に書き送られてくるのは、まったく思いがけないことです。さらに、『近ごろ皆の信心が定まっていないことが表面化しました』と私に書き送られてきます。まことに哀れなことです。（中略）結局は、皆の信心がほんとうの信心でなかったことが表面化したのです。よいことではありませんか。でもこの問題は、『親鸞から教えたことが原因だ』と皆が思っておられることは、気が滅入ります」。

問題点❽　常陸北部の混乱の原因は何か

やはり親鸞は自分が悪いのではない、善鸞が悪い（嘘をついている）、そして常陸の人々（ここでは常陸北部の奥郡の人々に限定しています）の信心が本物ではないと言っています。では、何がこのような混乱した状況を生み出したのでしょうか。

そして親鸞は、もう一つ、「常陸の皆さん、私が指定した、大切な書物をよく読みなさい」と指示しています。次の文章です。

日ごろやうやうの御ふみどもを、かきもちておはしましあふてさふらふ甲斐《かい》もなくおぼへさふらふ。唯信鈔やうやうの御ふみどもは、いまは詮なくなりてさふらふとおぼえさふらふ。（中略）よくよく唯信鈔・後世物語なんどを御覧あるべくさふらふ。

「ふだんさまざまな書物などを書写し合って持っておられることが役に立たなくってしまったと思われます。『唯信鈔』やいろいろの本など無益になってしまったと思うのです。（中略）でも、十分に『唯信鈔』や『後世物語』などお読みいただきたいものです」。

『後世物語』は同じく法然の門弟の隆寛の著書です。隆寛は多念義《たねんぎ》（念仏は臨終まで称え続けるもの）に属する信仰の持ち主でしたが、多念義と対抗関係にあった一念義《いちねんぎ》（念仏は心を込めて一回称えればよい）を否定するのではなく、おおらかに念仏を称えようという考えでした。また年齢的にも法然門弟の長老的な立場におり、どちらかといえば一念義に属する親鸞も大いに尊敬していた人物です。

問題点❾ 親鸞のわかりやすい教学書

親鸞は、自分は直接関東の人たちに話しかけることはできないけれども、自分が信頼するわかりやすい念仏の書物を、もう一度よく読み直してほしい、と望んでいます。つまり親鸞には自分の著書を勧めることができないという問題があったのです。それは主著の『教行信証《きょうぎょうしんしょう》』は難しいし、他にはわかりやすい独自の教学書はまだ執筆していないからです。

では次に、いわゆる善鸞義絶状と義絶通告状について見ていきます。

(4) 伝親鸞書状写本「年未詳五月二十九日付慈信坊(善鸞)宛て返信」

本写本は、「善鸞義絶状」と呼ばれています。三重県津市・専修寺《せんじゅじ》に所蔵されてきたとして、大正十一年(一九二二)に初めて世に出ました。この写本の筆者は真宗高田派第三代の顕智《けんち》であるという説があります。署名はなく、筆跡からの判断です。本文を見ていきます。

慈信房のほふもんのやう、みやうもくをだにもきかず、しらぬことを、慈信一人に、よる親鸞がおしえたるなりと、人に慈信房まふされてさふらうとて、これにも常陸・下野《しもつけ》の人々は、みなしむらんがそらごとをまふしたるよしをまふしあはれてさふらゐば、今は父子の義はあるべからずさふらう。又、母の尼にもふしぎのそらごとをいひつけられたること、まふすかぎりなきこと、あさましうさふらふ。

「善鸞が教えている内容は、その専門的な名称など私親鸞はまったく聞いたこともないし、知らない事がらです。それを『夜、私親鸞が善鸞一人だけに教えたことだ』と善鸞がみんなに話した結果、みんなは親鸞が自分たちに嘘をついたと言い合っているので、もう私は善鸞との父と息子という縁を切ります。また善鸞は母のことについて、『母はおかしなことを言っている、理不尽な行ないをしている』と理解できない嘘をついているのも、ほんとうに説明もできないことで思いがけないことです」。

親鸞は、「父子の関係は切る、義絶する」と強く言っています。「あるべからず」というのは「あるべきではない」という客観的な状況を示すのではなく、「私はこの状態をなくそうと強く思っている」という意味です。自分の強い意思を表わす言葉です（「あるべからず」は「あるべきではない」と現代語訳されることが多いですけれども、百パーセントではないにしても、これは誤りです）。

そしてなぜ義絶するかについて、本書状では仏教的に理由付けをしています。

往生極楽の大事をいひまどわして、ひたち・しもつけの念仏者をまどわし、おやにそらごとをいひつけたること、こころうきことなり。第十八の本願をば、しぼめるはなにたとへて、人ごとに、みなすてまいらせたりときこゆること、まことにはうぼふのとが。又《また》五逆《ごぎゃく》のつみをこのみて、人をそんじまどわさるること、かなしきことなり。ことに破僧《はそう》の罪とまふすは、五逆のその一なり。親鸞にそらごとをまふしつけたるは、ちちをころすなり。五逆のその一なり。このことどもつたえきくこと、あさましさまふすかぎりなければ、いまはおやといふことあるべからず、ことおもふことおもいきりたり。三宝《さんぼう》・神明《しんめい》にまふしきりおはりぬ。

かなしきことなり。

「極楽に往生するという重大な問題について嘘をついて混乱させ、常陸・下野の念仏の人々を混乱させ、親が嘘をついたとしたのは、情けないことです。『無量寿経《むりょうじゅきょう》』に示されている阿弥陀仏の全四十八の願いのうち、称名念仏《しょうみょうねんぶつ》による救いを説くもっとも重要な第十八番目の願いを、『もう凋《しぼ》んでしまった花のようなもので役に立たないよ』と、善鸞は会う人みんなに捨てさせてしまったと伝えられました。これはほんとうに仏法をそしるものです。五逆の罪よりもっと重いものです。さらに、五逆の罪にあたる行ないを好んで、他人に体の被害を与え、あるいは心を動揺させているのは、悲しいことです。特に僧侶の集団を乱すことの罪は五逆の一つです。親鸞が嘘をついているとしているのは、父を殺したということになります。これも五逆の一つです。これらのことを耳にするとまことに情けないことなので、もう善鸞の親とは思いません。善鸞を息子と思うことはやめました。このことは仏教の仏・法・僧侶にも日本の神々にも言い切りました。悲しいことです」。

この文章が、親鸞が善鸞を義絶（勘当）したと言われているものです。

問題点⑩　親鸞は地獄に堕ちる我が子を救わないのか

前掲文中に出る、「五逆」とは仏教で言うところの五種類のもっとも重い罪です。五逆の一つでも犯すと、無間地獄《むけんじごく》へ堕ちるとされています。原始仏教・部派仏教《ぶはぶっきょう》（小乗仏教《しょうじょうぶっきょう》）の五逆と大乗仏教の五逆とがあります。

原始仏教・部派仏教では、五逆とは次の五つの罪です。

イ　父を殺すこと。
ロ　母を殺すこと。
ハ　阿羅漢《あらかん》を殺すこと。阿羅漢とは最高の悟りを得た聖者のことです。
ニ　仏の身を傷つけて出血させること。
ホ　僧（修行者の集団）の和を乱し、分裂させること。

大乗仏教では、次の五つです。

イ　塔や寺を壊し、経蔵《きょうぞう》を焼いて宝物を盗むこと。

ロ　修行して悟りに近い人たちや大乗の教えを誹《そし》ること。

ハ　僧（出家者）の修行を妨げる、あるいは殺す。

ニ　小乗仏教の五逆。

ホ　因果《いんが》の道理を信じず、十のよくない行ないをすること。

この伝親鸞書状写本「年未詳五月二十九日付慈信坊（善鸞）宛て返信」では、親鸞は善鸞について、第一に、親子の関係を切ったと宣言しています。第二に、善鸞は五逆の二つ（僧侶の集団の和を乱し、分裂させる。父を殺す）を犯したと強く言っています。第三に、善鸞は阿弥陀仏の第十八願をしぼんだ花だと言っている、これは仏法そのものを誇っている、五逆より重い罪だと言っています。

五逆の罪を犯し、五逆以上の罪を犯した善鸞は無間地獄に堕ちることになります。

親子の縁を切った親鸞は、我が子を助けてやろうという気持ちはないのでしょうか。これが伝親鸞書状写本「年未詳五月二十九日付慈信坊宛て返信」から見る重大な問題点⑩です。

しかし日本の義絶では親に背《そむ》く、すなわち「不孝」をしたからといって地獄へ堕とすなどという観念はありません。財産を譲らない、取り上げる、という意識の上で行なっているだけです。つまり東国の親鸞門弟は、このような五逆を盾《たて》にとっての「義絶」などと聞けば、ただ驚くばかり、納得《なっとく》はしないでしょう。そして親鸞は、さらにすべての人を救うという阿弥陀仏は、善鸞が無間地獄に堕ちるのをただ見ているだけなのでしょうか。

そしてもう一つ問題点があります。

問題点⑪　関東の混乱のその後

親鸞は善鸞とは一度も会わず、「京都へ帰ってこい。そこでほんとうのことを話せ」とも言わず、他人の噂《うわさ》だけで善鸞を義絶してしまったということになります。何の対応策もなく、善鸞を放り出して、関東の念仏混乱の状態はどうなるのでしょうか。

また、「年未詳五月二十九日付慈信坊宛て返信」の本文が終わったのちに五行にわたって書かれている奥付にも注目しなければなりません。以下に記したのは、三重県津市・専修寺所蔵本の写真版（平松令三『親鸞』吉川弘文館歴史文化ライブラリー、二一六頁に写真。一九九八年）をもとに翻刻《ほんこく》したものです。便宜上、第一行目から第五行目までの各行に、順に【1】～【5】という記号をつけました。

また文中、「在判《ありはん》」とは、写本である本書状の真筆本に、執筆者（本書状の場合は親鸞）の花押《かおう》が捺《お》されているという意味の慣用句《かんようく》です。

【1】同六月廿七日到来。
【2】五月廿九日　在判
【4】慈信房御返事
【3】建長八年六月廿七日註之《これをしるす》
【5】嘉元《かげん》三年七月廿七日書写了《しょしゃしおわんぬ》

まず、親鸞が書いたのは【2】「五月廿九日」と【4】「慈信房御返事」という二行のみです。これは「【4】この書状は善鸞さんの手紙に対する返事の手紙で、【2】五月二十九日に書きました」という意味となります。

続いて書かれたのが【1】で「親鸞さんからのその返事は、同じ年の六月二十七日に到来しました」と善鸞が記入したと推定される文章です。

次に書かれたのが【3】「建長八年六月廿七日註之」で、これは親鸞の返事を受け取った善鸞が、「建長八年六月二十七日に到来したことを記しました」と【1】と同じ内容を書いた文章です。写真版を見ると、【1】は【2】と「在判」との間に押し込めるように書いた気配があります。

つまり、息子善鸞を義絶したことを公にしたのは建長八年（一二五六）五月二十九日のことであった、と本書状では主張しているのです。それは親鸞八十三歳であったことになります。その知らせを同年六月二十七日に善鸞自身が受け取ったと主張しています。

そして奥書の最後が【5】です。前行【4】の部分まで全部を、後日に、親鸞・善鸞に続く第三番目の人物が「【5】嘉元三年（一三〇五）七月二十七日に全部書写し終わりました」と書いたのです。

問題点⓬　顕智はなぜ〝義絶状〟を書写し得たのか

第三番目の人物というのは、筆跡から専修寺第三代の顕智であるとみられてきました。すると顕智は親鸞が善鸞に送った〝義絶状〟をどのようにして手に入れて写すことができたのでしょうか。この奥付はまことに奇妙な奥付です。わざわざ、誰かが親鸞真筆を書写したものと判断してもらえるように書いてあるのです。

【5】の嘉元三年（一三〇五）といえば、建長八年（一二五六）から四十九年後です。顕智は八十歳、亡くなったのはこれから五年後ですからまだ生存中です。写すのは可能です。善鸞が亡くなったのは弘安九年（一二八六）ですから、顕智書写から十九年前ということになります。とすると、善鸞の後継者あるいはその関係者の家に保管されていたのでしょうか。

しかし善鸞にとって不名誉な父からの義絶状を、善鸞自身が大切に残しておいたでしょうか。怒って破って捨てた、などということも考えられます。わざわざ、「何年何月に到着した」などと、正確を期して二重に書き込むでしょうか。それによって何の益があるのでしょうか。善鸞は少なくともこの〝義絶状〟を他人には見られないようにするでしょう。不愉快《ふゆかい》でしょう。少なくとも善鸞は父からの指示を受けて、見知らぬ関東で京都にも帰らず励んでいたのですから。

なぜ顕智が写せたかということについて、親鸞が書いた〝義絶状〟を京都での親鸞の「秘書役をつとめていた蓮位《れんに》が控えから写しを作ったようで、高田の真仏など善鸞から誣告《ぶこく》された者たちのもとへ送りとどけられたと見られる」（平松令三『親鸞』二一六～二一七頁）という見方があります。

しかし、〝義絶状〟の写しは、親鸞の他の門弟たちの所にはまったく送り届けられていません。少なくとも、その後の日本社会で発見されたことはありません。

加えて蓮位が（親鸞の指示を受けて？　あるいは勝手に？）高田の真仏に送ったとする控えからの写しに、なぜ「同六月廿七日到来」、「建長八年六月廿七日註之」などと善鸞が受け取った時に書いたとみられる、主語のない文言《もんごん》が書いてあるのでしょうか。真仏が受け取ったのなら、「真仏」という主語のある文言が書かれるでしょうし、あるいは親鸞または蓮位から送られてきたとか、書かれるでしょう。

問題点⑬　鎌倉時代の〝義絶〟＝周囲の了承を得る必要はない

ただ、鎌倉時代の義絶については、義絶を主張する者の関係者等に周知させ納得させるために義絶状を送ったり読ませたりしたのだ、という研究もあります。直接義絶する息子に送ると捨てられたりしたら効果がないから、ということのようです。その観点から言えば、真仏に控えの写しを送ったということは成り立ちます。

しかし当時、子どもに対する親の権限は絶対的なものでした。例えば、将軍の家来である御家人がいったん領地を子どもに譲って譲り状を書き、その上で幕府の将軍の許可証を得て公のこととなっていても（これが当時の慣行です）、親はただ一言、「不孝《ふきょう》（親不孝）」の名目のもとに譲った領地を取り上げることができたのです。これを「悔《く》い返《かえ》し」といいます。「後悔して取り返す」という意味です。親の権限は主君である将軍の力より強かったのです。実際に親不孝であったかどうかは問題ではありません。

実際、「悔い返し」で領地を取り上げられた息子が「自分には咎はない」と幕府に訴えた例があります。しかし幕府の返事は、「それは親の権限だから幕府は受け付けることはできない」というものでした。周囲の関係者に周知させ、納得させる必要などありません。

確かに、奈良時代では領地の相続には周囲の人々や関係者の了解が必要でした。しかし鎌倉時代、武士や地方の社会ではそのような必要はなくなっていました。

そもそも、「義絶」というのは奈良時代・平安時代の朝廷の法律（律令《りつりょう》）のもとでは、夫が妻を離婚することでした。『養老律令《ようろうりつりょう》』の「戸令《こりょう》」に、次のようにあります。

凡《およ》そ妻の、祖父母・父母を殴《う》ち、（中略）及び夫を害せんと欲するは、赦《しゃ》に会《あ》へりと雖《いえど》も、皆《みな》義絶とせよ。

「だいたい、妻で夫の祖父母や父母を殴り、（中略）夫を殺そうとした者は、たとえ検《け》非違使《びいし》（警察官）から理由があることとして無罪となっても、すべて夫婦の縁を切りなさい」。

鎌倉・室町時代にも「義絶」という言葉は引き続き使われますが、これは親に不利益を与える子に対して、親子関係を絶つことでした。それは財産をその息子には譲らない、という意味合いが強いのです。信仰上の問題ではありません。例えば、鎌倉幕府の『御成敗式目《ごせいばいしきもく》（貞永式目《じょうえいしきもく》）』第二十二条は「父母の所領配分の時、義絶に非《あら》ずと雖も、成人の子息に譲り与わざるの事」に関する規則です。これは、子息は義絶されていなくても父母の所領を譲られないことがある、という内容です。この第二十二条の中に、「指《さ》したる奉公無く、または不孝の輩においては沙汰の限りに非ず」という文があります。子どもは多少の問題があっても領地は譲られるけれども、「指したる奉公（幕府や主君に対してしっかり働いていること）無く」、あるいは「不孝の輩（親に孝行を尽くさなくて義絶された子どものこと）」は譲られない、という意味です。当時、「不孝」は「義絶」と同じ意味に使われていました。

つまり、「義絶」は俗世間の上でのことであり、信仰上の無間地獄に堕ちる五逆の罪とは関係なかったのです。それなのに親鸞が、この伝親鸞筆の〝善鸞義絶状〟の中で善鸞が五逆を犯していると綿々《めんめん》と責め立て、だから義絶すると宣言しているのはおかしいのです。それにその結果、我が子を無間地獄に堕とすことになるのです。

また、伝親鸞筆の書状の写しは、大正十一年（一九二二）になるまで世の中にまったく知られていなかったのです。ここまで親鸞没後七百数十年、〝善鸞義絶状〟のことを書き残した人は誰もいません。

さらに重要なことは、関東に残る歴史的史料や言い伝え・寺伝等で、善鸞義絶を言う史料は一切ありません。それどころか福島県南部から茨城県北部一帯には大網門徒《おおあみもんと》と称する善鸞系の一派が大きな勢力を持っていたことも無視できないでしょう。善鸞を開基とする寺院も複数ヶ寺存在しています。

ただやはり善鸞以外の者にも義絶のことを知らせただろうという判断のもとに存在しているのが、『親鸞聖人血脈文集』（富山市・専琳寺旧蔵本。室町時代末期筆）の中に収められている次の伝親鸞書状写しです。これは年未詳「五月廿九日」付、「性信房御返事」と書状の最後に記されています。次にそれを検討します。

⑸ 伝親鸞書状写本「年末詳五月二十九日付性信房宛て返信」

この書状では、善鸞義絶に関わる部分を見ます。まず書状の最初の部分です。

一、この御ふみどもの様《よう》、くわしくみさふらふ。またさては慈信が法文の様ゆへに、常陸・下野の人々、念仏まうさせたまひさふらふことの、としごろうけたまはりたる様には、みなかはりあふておはしますときこえさふらふ。

「一つ、あなたのお手紙に書かれている内容を、細かく読みました。さらに、特に善鸞の説いたことにより、常陸・下野の人たちが念仏を称えられる内容について、今まで私が承知していたこととは、全部変わってしまわれたと読ませていただきました」。

問題点⑭ 性信と下総国

⑴、⑵、⑶の書状では善鸞の行動で迷惑を被っているのは常陸国の門弟たちであるとしていますが、義絶についての話題はありません。しかし⑷、⑸の書状では義絶について強く述べるとともに、常陸国に加えて下野国の門弟についても迷惑を被っているとしています。加えて、本項で取り上げている⑸は性信房宛の書状（返書）ですが、性信の住所は下総国です。⑸が下総国について触れていないことはなぜでしょうか。

そして⑴、⑵、⑶、⑷と同じく、⑸でも親鸞は善鸞と一度も会って話をしていないし、門弟たちからの善鸞を非難する手紙によってのみ判断しています（善鸞からの手紙は受け取っているにしても）。少なくとも、善鸞と門弟たちとを対面させてその対話で判断すべきでしょう。それに⑴、⑵、⑶によれば善鸞を強く支持する門弟たちも大勢いたのです。

次に〝義絶〟について書かれている部分を見ていきます。

自今以後《じこんいご》は慈信にをきては子の儀《ぎ》おもひきりてさふらふなり。（中略）このふみを人々にもみせさせたまふべし。

「これからは善鸞については、息子であると思うことを完全にやめました。（中略）この書状を皆さんにもお見せください」。前述したように、鎌倉時代の〝義絶〟は親の権利ですから、周囲の人々の了承を得る必要はありません。

では親鸞は何を譲ることを拒否するとして義絶したのでしょうか（もし義絶が事実であった場合）。それは親鸞はなぜ善鸞を派遣したかということから推定できます。覚如の高弟である乗専の『慕帰絵』には次のようにあります。

彼慈信房はおよそは聖人の使節として坂東へ差向《さしむ》けたてまつられけるに、

「あの善鸞さんは、そもそも親鸞聖人の使者として関東へ派遣されたのですが」。善鸞は親鸞の後継者というほどのことでもなく、単なる使いの者であったということです。それにまだ浄土真宗教団は成立していません。教団の規則に違反したということでもありません。

覚如の次男従覚が乗専の援助によって著わした『最須敬重絵詞』にも、善鸞の当初の立場を、「初《はじめ》は聖人の御使《おんつかい》として坂東へ下向し」とあります。『慕帰絵』と同じ内容です。その後、親鸞の思うようには働かなかったことは『慕帰絵』『最須敬重絵詞』によっても明らかです。その結果、

聖人の御余塵《ごよじん》の一列にはおぼしめさず、

「親鸞聖人は自分の門弟とはお考えにならず」という結果になったと、従覚に至る本願寺で伝えられていったことは確かなのでしょう。

問題点⓯　親鸞と善鸞の仲のよい姿

そして親鸞と善鸞の間に義絶事件があったとされるころ、高田の顕智が親鸞の家を

訪ねたところ、次のようなことがあったと『慕帰絵』は伝えています。

或冬《あるふゆ》の事なりけるに、炉辺《ろばた》にして対面ありて、聖人と慈信法師と、御顔と顔とさしあはせ、御手と手ととりくみ、御額《おんひたい》を指合《さしあわせ》て何事《なにごと》にか物を密談あり。其時《そのとき》しも顕智ふと参《まいり》たれば、両方へのき給ひけり。顕智大徳《けんちだいとく》後日に法印（覚如）に語り示《しめし》けるは、かかることをまさしくまいりあひてみたてまつりし、それよりして何ともあれ、慈信御房《じしんのおんぼう》も子細《しさい》ある御事なりと云々。是《これ》をおもふに、何様《いかよう》にも内《ない》証《しょう》外用《げゆう》の徳を施して、融通《ゆうずう》し給ふむねありけるにやと符合し侍り。

「ある冬のこと、親鸞聖人と善鸞殿とが炉端で向かい合い、顔と顔を近づけて、手と手を取り合い、額をつけ合って何か内緒の話し合いをしていました。顕智さんが何気なく家の中へ入りましたら、お二人はさっと離れてしまいました。顕智さんに話の内容を聞かれたくなかったのでしょう。顕智さんはのちに覚如に次のように語りました。『お二人の様子をたまたま見せていただきましたよ。その様子から見ても、ともかくも善鸞さんの布教についてもわけがあったのだなあ』と言われました。このことから判断すると、善鸞さんは親鸞聖人の念仏を内心ではよく理解していながら、布教ではいろいろと工夫し、その場その場で布教がうまくいくように努力されていたのだろうと納得しました」。

また覚如が三十数年後に父の覚恵とともに関東に下った正応《しょうおう》三年（一二九〇）、鎌倉幕府の第八代将軍久明親王《ひさあきしんのう》が二、三百騎の武士と、多数の僧侶・尼を引き連れてある大神社に参詣する行列に出会いました。そして覚如は、その僧侶の中に善鸞がいるのを見つけました。その時の善鸞の様子を、『慕帰絵』には次のように記してあります。

かかる時も他の本尊をばもちいず、無礙光如来《むげこうにょらい》の名号《みょうごう》ばかりをかけて、一心に念仏せられけるとぞ。

「このような時でも、他の仏・菩薩を本尊とはせず、阿弥陀如来の『帰命尽十方無礙《きみょうじんじっぽうむげ》光如来《こうにょらい》』を本尊として胸にかけ、ひたすら念仏を称えておられました」。このころ、善鸞は九十歳近い年齢です。

善鸞筆と伝えられる名号。福島県白河市大工町・常瑞寺蔵

おわりに

本書ではすべて親鸞の真筆ではなく、親鸞筆とする書状を写したという写本であるにしても、善鸞義絶に関わる書状を五点、検討しました。検討の目的は、第一に、その五点に義絶に関わるどのような内容が書かれているかということでした。第二に、その内容を親鸞八十代の社会と対応させて矛盾が出てくることはないかということでした。その際には、覚如の息子や弟子が著わした『慕帰絵』や『最須敬重絵詞』なども使いました。

義絶を受けたかどうかはともかく、どうやら善鸞は親鸞が期待したような働きは十分にはできなかったようです。そして問題を大きくしてしまった面もあったようです。

ただ検討した書状五点で判断する限り、親鸞は情報をすべて関東からの善鸞と門弟たちの書状で得ており、少なくとも善鸞と対面して報告を受け、事情説明を受けることはありませんでした。しかし『慕帰絵』には炉端で親しく話し合う親鸞と善鸞の姿が、絵と詞書《ことばがき》で示されています。筆者（今井）は義絶についてはなかったのではないか、あったとしてものちに取り消した可能性がある、と考えています。義絶は取り消されることがあるのか？　あります。実際、親鸞の曾孫覚如は長男の存如《ぞんにょ》を二度にわたり義絶し、また取り消してもいます。

さらに現代の研究者の間でも、親鸞のころ、すなわち鎌倉時代中期の〝義絶〟の意味・解釈に誤解があるようだということもわかりました。

ただ、行動面を含めて善鸞異義そのものは確かにあったようです。それについて親鸞はどのように考え、行動したか。それは現代の私たちの生き方にも重要な意味を持っていると筆者は考えています。そのことについては、いずれ本シリーズで述べる計画です。

あとがき

今から五十年あまり昔、私は東京教育大学大学院（日本史学専攻）で修士論文を書き終えて修士課程を修了し、博士課程の入学試験に合格しました。そして入学を待つばかりの三月、友人の結婚式披露宴で隣り合わせになったのが日蓮の伝記（歴史学）・思想研究で高名だった中尾堯《なかおたかし》という先生でした。

そのころ、私は研究がなかなか進まず、書き終えた修士論文もつまらないものでした。自分でつまらないと思うのだから、先生方はもっとつまらなかっただろう、と思ったことを覚えています。では博士課程ではどうしたらよいか、困っていた時にお目にかかったのが中尾先生でした。その中尾先生は、緊張して隣に座る私を冗談ばかり言って笑わせてくださいました。意外でした。まだ四十一歳の若々しい方でした。

その後まもなく、中尾先生が五月から研究会を開くと風の便りに聞き、知人を通してお願いし、仲間に入れていただきました。そして中尾先生が書かれた日蓮に関する論文をあらためて読むと、とてもおもしろかったのです。私の書いたものは地面を仕方なくとぼとぼと歩いているようなものでしたが、中尾先生の論文は天地を飛び跳ねる喜びに満ちているようでした。うーん、と思った私は、こっそり、中尾先生の日蓮の論文の手法をまねて一遍に関する論文を書き、研究雑誌に投稿してみました。すると、初めて、しかも複数の友人からにこやかな笑顔で褒めてもらったのです。

これだ！　と思った私は、以後、毎週中尾先生の研究室に通い、指導をしていただきました。特に歴史学（史料を厳密に調査して歴史的事実を明らかにする）とそのころ盛んだった民俗学（歴史的事実と言い伝えの区別を重要視しない）との違いや、この二つの分野の研究方法、論文の文章の書き方など、さまざまでした。そして中尾先生の明確なご指導のもとに、やがて博士論文を完成させることができて現在に至っています。本書の執筆は、あの時以来の「歴史」と「言い伝え」の異なる研究方法を基盤にしています。

中尾先生には感謝しかありません。現在でも研究の第一線に立ち、毎月研究会を開いておられます。

さて本書の製作・出版にあたっては、いつものように自照社の方々にお世話になりました。また原稿の校正には宮本千鶴子さんに手伝っていただきました。ありがとうございました。

本シリーズの次作は、『八十三歳の親鸞――精力的な執筆活動――』です。親鸞の最晩年の驚くべき精力的な執筆活動とその理由、そして現代におけるその意義について述べる計画です。

二〇二三年十一月十三日

今井雅晴

＊著者紹介

今井雅晴（いまい　まさはる）

一九四二年、東京生まれ。東京教育大学大学院博士課程修了。茨城大学教授、筑波大学大学院教授、コロンビア大学、台湾国立政治大学、カイロ大学等の客員教授を経て、現在、筑波大学名誉教授、真宗大谷派宗宝宗史蹟保存会委員、東国真宗研究所所長。専門は日本中世史、仏教史。文学博士。

著書　『親鸞と浄土真宗』『鎌倉新仏教の研究』『仏都鎌倉の一五〇年』『捨聖一遍』（以上、吉川弘文館）『親鸞と本願寺一族』（雄山閣出版）『わが心の歎異抄』（東本願寺出版部）『親鸞の家族と門弟』（法蔵館）『茨城と親鸞』（茨城新聞社）『親鸞と如信』『親鸞の東国の風景』（以上、自照社出版）『平安貴族の和歌に込めた思い』（自照社）『鎌倉北条氏の女性たち』（教育評論社）ほか。

帰京後の親鸞―明日にともしびを―⑨
八十二歳の親鸞―善鸞異義事件―
2024年２月28日　第１刷発行

著　者　今井雅晴
発行者　鹿苑誓史
発行所　合同会社 自照社
〒520-0112 滋賀県大津市日吉台4-3-7
tel：077-507-8209 fax：077-507-9926
hp：https://jishosha.shop-pro.jp
印　刷　亜細亜印刷株式会社

ISBN978-4-910494-29-6

帰京後の親鸞 ―明日にともしびを―

《全15冊》

今井雅晴 著

1 六十三歳の親鸞―沈黙から活動の再開へ―

2 六十七歳の親鸞―後鳥羽上皇批判―

3 七十歳の親鸞―悪人正機説の広まり―

4 七十四歳の親鸞―覚信尼とその周囲の人びと―

5 七十五歳の親鸞―『教行信証』の書写を尊蓮に許す―

6 七十六歳の親鸞―『浄土和讃』と『高僧和讃』―

7 七十九歳の親鸞―山伏弁円・平塚の入道の没―

8 八十歳の親鸞―造悪無碍―

9 八十二歳の親鸞―善鸞異義事件―

10 八十三歳の親鸞―精力的な執筆活動―

11 八十四歳の親鸞―『西方指南抄』―

12 八十五歳の親鸞―信心と報謝―

13 八十六歳の親鸞―自然法爾―

14 八十八歳の親鸞―静かな最晩年―

15 九十歳の親鸞―京都にて死去―

＊年２冊刊行予定＊